COLEÇÃO LIMÃO VERDE

© 2022, Ricardo Gracindo Dias

Todos os direitos desta edição reservados
à Laranja Original Editora e Produtora Eireli

www.laranjaoriginal.com.br

Edição Filipe Moreau
Projeto gráfico Yves Ribeiro
Produção gráfica Bruna Lima
Fotografia de capa Maira Garcia
Fotografia do autor Kelly Lee

Dados Internacionais de Catalogação na Publicação (CIP)
(Câmara Brasileira do Livro, SP, Brasil)

Dias, Ricardo Gracindo
  Estampa retrô / Ricardo Gracindo Dias. --
1. ed. -- São Paulo : Laranja Original, 2022. --
(Coleção limão verde)

  ISBN 978-65-86042-46-7

  1. Poesia brasileira I. Título. II. Série.

22-121468   CDD-B869.1

Índices para catálogo sistemático:

1. Poesia : Literatura brasileira   B869.1

  Cibele Maria Dias - Bibliotecária - CRB-8/9427

São Paulo, 2022
1ª edição
ISBN 978-65-86042-46-7

Estampa Retrô

RICARDO GRACINDO DIAS

LARANJA ● ORIGINAL

Para
Kelly, Raul, Roger e Alice

Em especial para
Maria de Lourdes Dias e Manuel Dias, meus pais

Prefácio

Uma recomposição do mundo

Estampa Retrô, este primeiro livro individual de poemas de Ricardo Gracindo Dias, nos apresenta um poeta peculiar. Quem quisesse situá-lo de modo exclusivo numa vertente da poesia brasileira contemporânea teria uma tarefa complexa, pois precisaria avaliar, entre diferentes facetas, qual poderia ser considerada a preponderante; e a escolha seria fatalmente arbitrária. Entretanto, é possível reconhecer nos poemas uma atitude geral do poeta diante do mundo e de seus problemas – atitude mediada de diferentes maneiras e com variedade de tons, nos poemas diversos e singulares deste livro.

Um brevíssimo poema da primeira seção (*Afinco: entre a leveza e a urgência*) sintetiza lapidarmente esse modo de ser que me parece caracterizar a poética de Ricardo:

> com leveza
> é que se vence
> qualquer leviatã

Algo que o leitor definitivamente não encontrará nos poemas reunidos aqui é afetação, pose, elevação artificial do tom. O poeta escolhe honestamente o caminho da leveza e da *simplicidade*, que pode ganhar a forma do registro coloquial ou do humor franco e irreverente.

Mas a simplicidade dos meios não implica necessariamente a modéstia do alcance: aqui a poesia luta corpo a corpo com *qualquer* monstro, qualquer *leviatã*. Ao caos do mundo, aos turbilhões da vida, contrapõe-se um fazer poético que equivale, em última instância, à tentativa de dar alguma ordem, se não ao próprio mundo e à vida, à subjetividade acuada por ambos. Em suma, apesar da aparência despretensiosa, a empreitada poética deste livro tem a dimensão grandiosa de toda poesia que se faz para atender a uma necessidade vital – neste caso, a de organizar a própria experiência, dando forma coerente ao vivido sempre caótico.

Igualmente emblemático, nesse sentido, é o poema escolhido como epígrafe, que, destacado das cinco seções do livro, prenuncia elementos constantes em todas elas: "sempre de partida / nunca chego ao esperado / eu nunca encontro nada / quando está tudo arrumado // com a constante sensação / de esquecer algo / é no susto de um salto / que de súbito me acho"

Se aqui se confessa alguma inclinação ao caótico, ao desordenado, ela se manifesta paradoxalmente numa formulação harmônica: com rimas, dicção fluente e equilibradamente distribuída em quartetos. A rima, o ritmo, as assonâncias e aliterações – numa palavra, a *musicalidade* – são de fato um traço muito notável nos poemas de *Estampa Retrô*, e estão presentes em grande parte deles. Talvez essa musicalidade seja o principal instrumento de Ricardo, como poeta, para a apreensão e organização da própria experiência e para a transformação dela em formas artísticas.

Mas não é uma ferramenta exclusiva – longe disso. A ela vêm se juntar outros procedimentos, como o de desentranhar a poesia da prosa cotidiana, de maneira semelhante ao que encontramos com frequência em Manuel Bandeira. Vejamos um exemplo, também da seção *Afinco*:

declaração

a data
do seu
nascimento

> é a senha
> do meu
> cartão

Além de surpreender a poesia na frase aparentemente trivial, Ricardo se vale aqui da *disposição espacial* dos versos na página como um recurso expressivo, procedimento recorrente em sua poesia. Há toda uma atenção, na elaboração do livro, também com os seus ritmos visuais, observando-se uma variação no alinhamento dos poemas: ora centralizados, ora à direita, ora à esquerda. Ademais, em "declaração" o título em minúsculas foge ao padrão do livro, como a reforçar a ideia da poesia extraída da fala cotidiana, surpreendida sem premeditação.

Em certos casos, como "Tetris", "Letras garrafais" e "Queda", o trabalho com o aspecto visual ganha ainda mais ênfase, trazendo para o horizonte experiências de cunho construtivista como, por exemplo, as da vanguarda concreta e neoconcreta brasileira. Mas, também nesses momentos, a poesia de Ricardo não abre mão do tempero do humor e da autoironia – timbre pessoal que mantém a conexão profunda com o preceito de simplicidade, tão característico do autor. Em "Tetris", além disso, há uma síntese de musicalidade visual e sonora: a experimentação divertida com a visualidade do poema se dá a partir de unidades básicas (blocos encaixáveis), que são tercetos cuja última tônica é sempre em /a/, o que provoca um efeito geral de assonância.

Um dos vetores do trabalho poético de Ricardo é, portanto, *construtivo*. Creio que exista um outro, vinculado de modo complementar a ele e especialmente importante para essa poesia, em seu trabalho difícil e delicado de ordenar a experiência. Esse vetor se relaciona à habilidade do poeta de *reduzir*, *cortar*: tomar o excessivo ou desordenado e submetê-lo a cortes sucessivos até a forma justa.

Tive a chance de acompanhar em parte a preparação deste livro e testemunhar o *afinco* (aparentemente palavra de predileção do autor) de artesão com que o poeta trabalha os seus poemas. Não vem por acaso o complemento do nome da seção *Estampa Retrô*: *os cortes que fiz*. Essa seção é composta de poemas adaptados de letras de canções da banda de rock de Ricardo (que se chamava, justamente, Estampa Retrô). Adaptar as letras ao contexto da página é um trabalho de redução ao indispensável, ao apropriado, ao expressivo na situação específica da palavra escrita; e Ricardo soube fazê-lo preservando a musicalidade fluente dos seus versos, característica marcante não apenas dessa seção.

Tal capacidade particular foi útil também na criação do belo poema "Porão", da seção *Coração Cíclico*. Originalmente um texto em prosa, ele foi rigorosamente trabalhado e modificado, sofrendo cortes significativos, embora seja o poema mais longo do livro. Além desse procedimento, também o assunto do poema é muito ilustrativo das tentativas de apreensão íntima do vivido e de atribuição de um sentido a ele. No porão da casa do pai, o poeta se depara com um acúmulo abundante de objetos de toda natureza, rastros do passado ligados a memórias revisitadas e propiciadores de reflexões projetadas no presente e para o futuro. O espaço é correlato objetivo da intimidade reflexiva do poeta, sempre à procura de se entender e se encontrar em meio à confusão do mundo.

Há certo parentesco com o efeito de imagens do poema "Coração Cíclico", da mesma seção. Considero especialmente bonita a da terceira estrofe: "estendo por todo o percurso um fio de pensamento / pretendo segui-lo no caminho de volta / lê-lo ao contrário para ver se enfim o entendo". Entender o percurso: compreender a experiência vendo-se projetado no mundo objetivo. De certa forma, identificar-se com o âmbito das coisas concretas é um jeito de organizar a própria subjetividade.

Nesse movimento de objetivação é que se torna possível a identificação do leitor. Talvez a própria organização dos poemas de *Estampa Retrô* em seções distintas tenha a ver com um esforço generoso do poeta, que é de autocompreensão e, ao mesmo tempo, de oferecer ao outro uma experiência ordenada e coerente, limpa, harmonizada na medida do possível em sua tensão com a desordem da vida.

Na maioria dessas facetas, a poesia de Ricardo Gracindo Dias parece ter como força motriz um sentimento generalizado de deslocamento – traço tipicamente moderno de tantos sujeitos poéticos gauches, a exemplo do de Drummond. A luta da poesia de Ricardo defende a subjetividade acuada do poeta contra o caos disforme ou multiforme do mundo. Mas há uma notável exceção, que menciono apenas agora não por considerá-la menos importante; e sim, pelo contrário, para que tenha o merecido destaque, ao finalizar estas observações gerais e aproximativas. Trata-se da lírica amorosa de Ricardo, da qual escolho o seguinte exemplo:

só dentro de você
encontrei
o meu lugar no mundo

Nesse campo particular, o poeta não se sente deslocado. Os poemas ganham um tom afirmativo, no qual a tensão com o mundo é como que sublimada, dando lugar a outro tipo de força – erótica, totalizante –, sem perder entretanto a leveza própria dessa poesia nascida da urgência e urdida com aplicação, engenho e simplicidade em direções, modos e procedimentos tão diversificados.

Alexandre Shiguehara

sempre de partida
nunca chego ao esperado
eu nunca encontro nada
quando está tudo arrumado

com a constante sensação
de esquecer algo
é no susto de um salto
que de súbito me acho

AFINCO:
entre a leveza e a urgência

1º livro

para se lançar o primeiro livro
deve-se tomar certa distância

lançar certeira a visão
para muito além do alcance

como se fosse a primeira
e também a última chance

a poesia é um lapso
ao avesso

o recomeço
que espreita o fim de tudo

Estilo

minha dor é barroca

minha saudade expressionista

a alegria não é pouca

é minimalista

com leveza
é que se vence
qualquer leviatã

declaração

a data
do seu
nascimento

é a senha
do meu
cartão

Poema musical

o sol se põe detrás de pausas

Toque

depois de uns amassos
ninguém mais separa
é coisa de tato
questão de toque
como as duas massinhas
do durepoxi

uma escura
a outra clarinha
minha pele na tua
tua pele na minha

uma escurinha
a outra bem clara
que nem durepoxi
ninguém separa
ninguém separa

Queda

      em
        queda
           livre
             todo
               santo
               aju
                 u

                 u

                 u

                 u

                 u

                 u

                 u

                 da

                 .

LETRAS GARRAFAIS

sempre atrás
de letras garrafais

bebo no gargalo
o etílico e o literário

é tanta vertigem
que tropeço e caio

me perco nesta noite
dou um nó no itinerário

e que tudo mais
vá pra casa no orvalho!

Taxímetro

a vida
é
um taxista
desonesto

dá mil voltas
pra chegar
a um destino
que era perto

e o preço
que ela cobra
ultrapassa
nosso crédito

Tetris

o único fato
normal na minha vida
foi meu parto
          se tudo dá certo
          mesmo assim
          não relaxo

uns dias me encontro
no dia seguinte
não me acho
                  tá tudo certo
                  menos pra mim
                  não me encaixo

        desde o nascimento
        não sei se fico
        ou se parto

eu me sacrifico
mas o caminho certo
     era o fácil
                e me sinto preso
                até mesmo quando
                eu escapo
          nesse tetris
            da vida real
              não me encaixo

      sem controle
        da vida real
          mas não largo

minha fé

ainda estou
em processo de criação
das minhas futuras crenças

Zen

overdose de filosofia zen
para dar conta de arrumar arquivos
de tantos sentimentos esquecidos
nas gavetas que o coração contém

meu luto
o resultado da mistura de intensas cores

arco-íris no céu
e nas poças de óleo que vazam dos motores

Ruído

confusão de estações por instantes
ruídos brancos contínuos amenos
indeciso ponteiro no peito esquerdo
transitando entre dois sentimentos

só dentro de você
encontrei
o meu lugar no mundo

Estranho afinco

sou um estranho, admito
e estranho também é meu afinco

do pouco que aprendi
do intrincado que sinto
sei que amo e insisto
no amor que lhe é intrínseco

HIPOCAMPO:
vagar em nuvens

Notas de base

reconheço as notas de base
do teu perfume mais puro
assim como sempre reconhecerei
tua voz em meio ao coro

amo as cores mais que tudo
no entanto
os mais belos retratos
são em preto e branco

Assimetria

há nos olhos dela
a assimetria
e inconstância das marés

inundada em dúvidas
permite-se a fé

Anacruse

é muita teoria
pra uma simples melodia

que o tempo fraco de agora
anteceda o forte de amanhã

ana cruze
seus passos com os meus

Guarida

mínimas mãos
de desperdícios
despidas

só nelas
meu destino
encontra guarida

Defronte

velada noite aquela tarde
um velava o outro
ao olhar o horizonte
dos próprios olhos espelhados
nos olhos aos seus defronte

Olhos-casulos

onde segredos de menina
se transformam em mistérios de mulher

Divagar

estar contigo
vagar em nuvens
suportar vertigens

vacilos de minha acentuada acrofobia

Visita

eficiente seu poeta
visitá-la em sonho

e sem dizer palavra
deixar a beleza do poema

Luas de azeviche

teus olhos duas luas de azeviche
quase perfeitos negativos desta noite
– esclera negra e sem estrelas –
onde paira luminosa íris

não sei qual das imagens é mais bela
ambas me atraem e atormentam

passado longo tempo
desperto do sono que não dormi
me olho no espelho e percebo:
meus olhos também são belos
até mais que os teus
pois além das luas negras
possuem o tom rubro da aurora

Cavalo-marinho

me curvo sobre este livro
como quem se inclina sobre um corpo
que despertará após seu beijo

como em todo domingo chuvoso
a tristeza veio me visitar
mas hoje não há lugar para ela...

fica brava, diz que estou cuspindo no prato em que comi

decerto trocaremos saliva em próximos beijos

mas hoje não há lugar para ela...

bem sabes por quê

— inda cavalgas no hipocampo de minha memória

TRAGO:
forte aperto

Boas notícias

queria te dar boas notícias
mas você mesma me disse
que não devemos mentir

Fardo

no peito eu trago um dardo

armado em plena luz do dia

cada um com o seu fardo

é um petardo a poesia

Morte d'amizade

como um apóstrofo
que tira uma letra da sílaba
para qu'esta fique mais curta
veio o destino tirar-me da vida um'amiga
para qu'essa fique mais bruta

Trago

ao perceber o garçom abismado
observando meu pranto compulsivo
interrompi-o de imediato
e já embriagado
saindo do meu interno abismo
pedi-lhe educado:
— garçom
por obséquio
traga-me mais um trago de absinto.

Olhar de bronze

enquanto vejo estas faces
que me trazem a trégua
me entrego a sentimentos táteis
e esqueço a humanidade cega

mas logo após a despedida
cresce em mim um forte aperto:
estas estátuas têm mais alma
que muita gente que conheço

Corpo estranho

meu organismo
ainda reage
à felicidade
como a um corpo estranho

já não sei mais
o que é a verdade
só sei que nós
a inventamos

Árvore morta

já decepada
envia às raízes
a seiva armazenada

as raízes engrossam
levantando a calçada
atingindo o asfalto
que lhes empresta o piche

nas partes cortadas
sua memória inda vive

pele carne e ossos
subitamente petrificam

árvore morta
escultura viva!

Do sonho ao pesadelo

acordo no meio de um sonho
vou pro banho
meu sonho encharcado
coitado
desce pelo ralo

eu, homem apressado
atrasado
corro pro trabalho

após um dia exaustivo
acordo no meio de um delírio
chegou meu ponto
que encanto
que colírio!

desço do ônibus
verdadeira sauna

já à noite chego em casa
com a alma atrofiada
coitada de minha alma
coitada
só quer descansar
em paz
na calma

agradeço por em casa não haver nenhuma arma

ESTAMPA RETRÔ:
os cortes que fiz

quarenta e poucos anos nas costas
no peito uma estampa retrô
penso que reflito nela
um pouco do que Freud me explicou

Idealização (curta-metragem)

tudo que criei pra você
são variações do mesmo tema

tudo que projetei em você
como em uma tela de cinema:

os cortes que fiz
a trilha que pus
o cenário e a luz
a ação e a cena...

tudo que lhe compus
hoje só se soma aos meus problemas

Ainda sonho

cansei de amores platônicos
agora prefiro os socráticos
alguns me acham lacônico
enquanto outros me acham sarcástico
já eu
sem você
nada sei

já que não posso fazer o que quero
resolvi que vou relaxar
parei de beber, de cair por aí
agora só uso remédios
pra acordar, pra viver
e pra dormir

ainda sonho com você de vez em quando
ainda sonho
nunca me desapaixono

Fugas fáceis

sempre fugir
das fugas fáceis

de tantas religiões
e dos seus vários disfarces

de tanta lamentação
e do meu próprio cárcere

sempre fugir
das fugas fáceis

dos vícios da solidão
por melhor que me tratem

da arma na minha mão
mirando na minha face

Minha vez

deixo minhas vidas passadas
dispensando reencarnação
renascemos um para o outro
nossa eternidade dure ou não

o passado que não brotou
é um embrião que abortei
na clínica clandestina
do destino que forjei

não vou viver só de talvez

enquanto aguarda a sua
eu mesmo faço a minha vez
se por acaso aguardo
ao mesmo tempo engendro e guardo
mais outras três

da escravidão à lúdica lucidez:
um longo caminho se fez

da escuridão à nítida nudez:
olhos que de novo veem
tudo pela primeira vez

acredito no que invento
e também no vento
que alimenta mudanças
e de quebra me ensina uma dança
que já nasce tradição

enquanto aguarda a sua
eu mesmo faço a minha vez
pois o tempo é só um mito
no qual só acredito
na medida em que me ajuda
e estende a mão

se me curvo em retrocesso
e dou três passos para trás,
pego impulso, me arremesso:
um salto mortal para o presente

e ainda digo entredentes:
não serei morto nunca mais

Neblina blues

puta frio do caralho
e não vejo um atalho
para chegar em você

então enfrento a neblina
dilatando a pupila
para melhor te ver

trago a coragem ao meu lado
e que se foda o passado
junto com sua deprê

agora é que não paro
então traço um atalho
entre os entulhos da dor

parece fase do enduro
e já vejo o futuro
pelo meu retrovisor

enfrento o frio desta noite
que fere feito um açoite
e a busca só começou

se olho para cima
movimentos estranhos
tons de cinza e azuis

seus olhos são verdes
às vezes castanhos
dependendo da luz

em minha massa cinzenta
buscar sua presença
é o que me conduz

NESTA NEBLINA
BLUES!

2020

já passamos de dois mil e vinte
e não vejo nada do que se esperava
de dois mil e um

o retrocesso já é bem visível
e a certeza que temos
é de que sempre corremos
para chegar a lugar nenhum

já passamos de dois mil e vinte:
uma odisseia ao redor da gente

sobrevivemos a dois mil e vinte:
um mergulho nos confins da mente

aprendizes do confinamento

Suas luzes

eu vou pro centro da cidade
onde me encontro na noite de novo
— são tantas luzes pra ver

o centro da cidade,
atraente e perigoso,
me lembra você

Cansaço

por excesso de trabalho
ou por noite de balada
o cansaço é igual pra todos

por excesso de ideias
ou criança acordada
o cansaço é igual pra todos

por excesso de estudo
ou ressaca mal curada
o cansaço é igual pra todos

por excesso de alegria
ou consciência pesada
o cansaço é igual pra todos

seja por insônia
por estar muito excitada
o cansaço é igual pra todos

seja por estar doente
ou com a mente alterada
o cansaço é igual pra todos

o cansaço é igual pra todos

Entalhe

travado pelo tédio
esmagado num vagão de metrô

acabou meu remédio
virei autômato que quer ser robô

vou escalar este prédio
pois tenho medo de elevador

daqui de cima eu enxergo:
tem muito ego que desmoronou

e tudo o que a gente tem
pode ser banal ou profundo
como uma declaração de amor
talhada no vidro de um trem

Ela...

sempre foi camaleoa
muda a cor do pensamento
tem uma vibe que ecoa
muito à frente do seu tempo
não tem nada de amadora
faz uns drinques noite adentro

é artista inspiradora
corre contra contratempos
ela não se abala à toa
acende velas e incensos
tem olhar de sonhadora
sonha em ter o seu momento

da elite ela caçoa
(meros moinhos de vento)
contra vozes opressoras
sempre tem bom argumento
com sua fé libertadora
luta desde o nascimento

Noturna flor

noturna flor
regada a álcool
insiste em ser coadjuvante
mesmo estando só no palco

presa às raízes
se arrasta noite afora
novas cicatrizes
é o tempo que a devora

a tristeza maquiou
seu belo rosto turvo
melancólica alcoólatra católica
sempre está com o caule curvo

olhos como asas
de um anjo atrofiado
melancólica alcoólatra católica
mais um destino mal traçado

e aqueles florais não fizeram efeito

Papel-bíblia

tua pele lisa,
papel-bíblia
na qual acredito
porque não posso entender

teus tribais quase cifras apocalípticas
abre-se algum selo no abrir do teu sorriso

há anjos que voam melhor
quando lhes ferem uma das asas
hoje a asa se refaz por si só
como pontas de estrelas do mar

tua pele branca como o pó
com que outrora construía
a cada dia nova asa
e em tua casa era cada dia
cada vez mais só

Punho[1]

você sabe
perco o sono pelo sonho que temos

embriagado
por este som que sobe mais do que o vinho

não é à toa:
o coração é do tamanho de um punho

---

[1] tanto o útero quanto o coração, angélica freitas

Quase original

altas da madrugada
você vestida de nada
e eu vestido de você

já não aguento mais
vamos juntar de vez
nossos livros e cds
— os piratas e os originais

se quiser vou me esforçar
para evitar a fadiga
se quiser posso inovar
amando à moda antiga

Por acaso

às vezes a sorte sorri
mas te sorri de lado
daquele jeito já saindo de cena
com passo apressado

e foram tantos dados lançados
o destino azarando o acaso
que por acaso te encontrei

agora agradeço
por tudo e pelo tanto que errei

Refúgio (educação tácita)

de como se pode passar uma vida lendo um mesmo livro
ou de como adquiri o hábito de ler

briga entre heróis da bíblia
e os heróis que eu conhecia da tv

o poema que eu tinha que escrever
para o meu pai antes do meu filho nascer

a metáfora apreendida
entre trechos de sua bíblia:
não entendi que era para acreditar

refúgio na literatura
as pausas de uma partitura
silêncios que ainda preciso decifrar

CORAÇÃO CÍCLICO:
por todo o percurso

Porão

folhetos e panfletos e ingressos
recortes de jornais
Aldir Blanc, João Ubaldo Ribeiro,
Luís Fernando Veríssimo,
Angeli, Laerte, Calvin, Snoopy,
Cadernos 2, Ilustradas...

livros, muitos livros
livros que não consigo levar para o apartamento onde moro
por falta de espaço
não de vontade
também não vou doá-los
egoísmo da minha parte?
mais uma esperança
de um dia lhes dar um lugar digno na estante

a verdade é que preciso deles mais do que eles de mim
afinal foram essas as minhas portas da percepção
minhas fugas
caminhos abertos por Camus

pilhas e pilhas de revistas
de um lado o romantismo e a acidez de Cazuza,
Renato Russo e Raul Seixas
do outro a nudez de Mel Lisboa, Alessandra Negrini
e Vera Fischer já com seus 50 anos

Superinteressantes, Mundos Estranhos, Galileus, Bizz,
Cults, Bravos, Bundas, Caros Amigos
(de Caros Amigos sobraram pouquíssimos exemplares)

bem lá no fundo
uma caixa com tudo o que sobrou de antigos brinquedos:
um Gato Guerreiro e alguns hominhos
das coleções do He-Man, Rambo e ThunderCats
uns sem pernas, outros com braços colados com super bonder
nem valor para colecionadores eles têm
despojos de um melancólico Toy Story
minha mãe os guardava para quando crianças iam a sua casa
ou pelo menos era essa sua desculpa
cuidava com gosto desta memorabilia
relíquias encobertas por lembranças sobrepostas:
minhas, do meu irmão, dos meus filhos, e de outras crianças
que por algum motivo tenham frequentado sua casa
— também ela é agora
parte da subjetividade desses mesmos objetos...

enfeites de natal esperam o ano inteiro para se exibirem
móveis antigos aguardam ter nova serventia
expectativas em meio ao pó

fui em busca de poemas perdidos
e lá estavam os primeiros versos
entre partituras para iniciantes
revistinhas de cifras e cadernos de desenho
poesia em vários formatos e estados
saí com a mochila cheia

mas nem só de poesia me abasteço neste porão
há também as ferramentas
— sempre gostei de ferramentas
realizar pequenos consertos com meu pai
foi a forma que encontrei de me aproximar dele
e uma maneira de ajeitar um pouco o mundo ao redor
assim:
trocou uma peça, apertou um parafuso, colocou uma porca,
uma fita isolante ou durepoxi... e pronto
tudo resolvido e sem ressentimentos
são coisas sem memórias

quem dera fosse tudo assim:
vai-se ao depósito, compra-se uma válvula nova
para o coração avariado e segue-se a vida
sem vazamentos ou rangidos

toda vez que me mudei
peguei emprestada a furadeira do meu pai

muito em breve estarei na mesma situação
diante de velhas paredes
que suportarão minhas novas vivências
esperanças que se desgastarão até a próxima mudança
quando mais uma vez a furadeira entrará em ação
em paredes mal pintadas
— quando deixam o que um dia foi seu lar
os antigos inquilinos sempre cobrem suas memórias,
entre outras manchas,
com a tinta mais barata que encontram

por mais que eu mude
sempre retorno ao porão do meu pai

já esperei muito no porão do meu pai
já chorei no porão do meu pai
fiz poesia no porão do meu pai
músicas no porão do meu pai
fiz amor no porão do meu pai
tem de tudo no porão do meu pai
é, tem de tudo no porão do meu pai
já morei no porão do meu pai

ainda moro no porão do meu pai?

Tudo é centro

Sempre quis morar no centro
mas em que centro?

o Zaíra tem seu centro
como Mauá tem seu centro
São Caetano é um centro
e tem seus centros
São Paulo, então, mais de centos
vários centros, subcentros

mas falo aqui de centro centro
centrão mesmo
aquele zoneado abandonado ocupado
mas acima de tudo encantado

— centro velho, centro antigo
centro de São Paulo
sempre por ti fui atraído

hoje sei que tudo é centro
ao mesmo tempo em que centro mesmo só tem um:
é de contradições que vive o centro

e é invisível aos olhos do mundo
que aqui do centro vejo um pouco de tudo

ao relento, sim,
mas bem no centro

RICARDO GRACINDO DIAS

Emergencial

Então seria assim
poderia vê-la
mas não abraçar

aquele abraço que sempre foi um bálsamo para suas agruras

ninguém mais sabe dizer quando esta fase passará
já não há mais cores para classificá-la
tudo represado em seu peito
em seus poros
perdidas as noções de tempo e espaço
tão perto e tão longe

certeza apenas de que quando esse abraço chegar
quando finalmente se concretizar
então já não será mais suficiente

os juros não perdoam nem furtivas juras

é impossível refinanciar o amor sem consequências

Véu de neblina

Espero pela chave e pelo trem

do outro lado da plataforma
uma bonita moça se dirige para cá

seus traços não distingo
diluídos que estão
na neblina de minha miopia
(miopia que transforma paisagens suburbanas
em quadros impressionistas)

estou indo ao oculista
perdi meus óculos e a chave também

a moça se aproxima
não é tão bela quanto parecia
(odalisca linda antes de tirar o véu)
penso nos poemas que crio em sonhos
não valem nada quando os ponho no papel

neste preciso momento
diviso um poema
dolorosamente o sinto
mas não possuo a chave
melhor assim:
que seja belo em seu limbo

No coletivo

Quando entram no coletivo
tomam a precaução de deixar suas almas do lado de fora
só as reencontrarão no desembarque

alguns, entretanto, acabarão perdendo-as para sempre
seguirão apenas os corpos penados

presas aos seus donos por frágeis cordões
vão as almas acima do veículo
conversando e trocando gentilezas entre si

dentro dele, ao contrário, todos olham para o nada
não para o mesmo nada
cada qual para o seu nada virtual
que é para não incomodar o outro

Complô contra o sono

Em vão tento dormir após intensa leitura
o cérebro excitado ordena que se levante o corpo exaurido
que os olhos leiam mais um pouco
impossível

incitados pelo cérebro
começam os pés a vibrar
a agitarem-se feito cauda de cão
(extremidades que se conectam
como um casal que se acena ao longe
antes de longa viagem)

aqui a jornada só começa
quando o cérebro lê as plantas dos pés
e estes caminham em indecifráveis mapas mentais

Coração cíclico

hora tardia de uma segunda-feira
pego o ônibus que vai para a Paulista
duas horas de viagem
confortáveis poltronas reclináveis
vidros escuros
aconchego

estou indo ao Cine Belas Artes
o fato do rádio tocar músicas que detesto me agrada
se gostasse das músicas me dispersaria da tristeza
por outro lado não suportaria o silêncio

estendo por todo o percurso um fio de pensamento
pretendo segui-lo no caminho de volta
lê-lo ao contrário para ver se enfim o entendo

ah coração cíclico
tenho a consciência de ser mais infeliz do que deveria

na esquina da Paulista com a Consolação
flerto com livros que desejo
desconsolado é que os deixo

há pessoas que aparecem em nossas vidas
apenas para nos fazer mal
e para que lhes façamos maus poemas

sei que foi melhor assim
pois que fosse pior mas que não fosse assim

choro
choro
choro

o disco da memória arranhou...

para onde vamos

,

agora que já mudamos

?

Agradecimentos

Agradeço a generosidade de Akins Kintê, Marcelino Freire e Maira Garcia.

Um agradecimento especial ao amigo Alexandre Shiguehara, pela sensibilidade e pela paciência com as quais sempre acolheu minha poesia, invariavelmente com importantíssimos e precisos apontamentos.

Este livro não teria se tornado realidade se não fosse pela generosidade de Filipe Moreau, que sempre tratou a mim e ao meu trabalho com o máximo respeito e profissionalismo.

Também sempre serei grato pela amizade, pelos incentivos e pelas parcerias de Kelly Lee, Eduardo Valentim e Ivan Fortunato.

Notas:

Os poemas "Idealização", "Ainda sonho", "Neblina blues" e "Quase original" foram musicados por Ivan Fortunato, Kelly Lee e Ricardo Gracindo Dias.

Os poemas "Tetris", "Fugas fáceis", "Minha vez", "Noturna flor", "Suas luzes" e "Punho" foram musicados por Eduardo Valentim, Kelly Lee e Ricardo Gracindo Dias. Tudo isso na época em que tínhamos uma banda chamada Estampa Retrô.

As primeiras versões dos poemas "Ruído", "Ela...", "Tudo é centro" e "Emergencial" foram publicadas na antologia poética *(B)ecos Poéticos* – Volume I, organizada por Akins Kintê (Governo do Estado de São Paulo, por meio da Secretaria de Cultura e Economia Criativa e Poiesis - 2021).

Índice dos poemas

AFINCO: entre a leveza e a urgência

1º livro	*17*
"a poesia é um lapso"	*18*
Estilo	*19*
"com leveza"	*20*
declaração	*21*
Poema musical	*22*
Toque	*23*
Queda	*24*
Letras garrafais	*25*
Taxímetro	*26*
Tetris	*27*
minha fé	*28*
Zen	*29*
"meu luto"	*30*
Ruído	*31*
"só dentro de você"	*32*
Estranho afinco	*33*

HIPOCAMPO: vagar em nuvens

Notas de base	*37*
Assimetria	*38*
Anacruse	*39*
Guarida	*40*
Defronte	*41*
Olhos-casulos	*42*
Divagar	*43*
Visita	*44*
Luas de azeviche	*45*
Cavalo-marinho	*46*

TRAGO: forte aperto

Boas notícias	*49*
Fardo	*50*
Morte d'amizade	*51*
Trago	*52*
Olhar de bronze	*53*
Corpo estranho	*54*
Árvore morta	*55*
Do sonho ao pesadelo	*56*

ESTAMPA RETRÔ: os cortes que fiz

Idealização (curta-metragem)	*61*
Ainda sonho	*62*
Fugas fáceis	*63*
Minha vez	*64*
Neblina blues	*66*
2020	*68*
Suas luzes	*69*
Cansaço	*70*
Entalhe	*71*
Ela...	*72*
Noturna flor	*73*
Papel-bíblia	*74*
Punho	*75*
Quase original	*76*
Por acaso	*77*
Refúgio (educação tácita)	*78*

CORAÇÃO CÍCLICO: por todo o percurso

Porão	*81*
Tudo é centro	*85*
Emergencial	*86*
Véu de neblina	*87*
No coletivo	*88*
Complô contra o sono	*89*
Coração cíclico	*90*
"Para onde vamos"	*93*

Kelly Lee

Ricardo Gracindo Dias nasceu em São Caetano do Sul (SP), em 22 de junho de 1980, cresceu em Mauá e vive em São Paulo. Formado em Letras, atua como administrador cultural na Fundação Nacional de Artes-Funarte desde 2008. Participou da antologia poética *(B)ecos Poéticos* – Volume I, organizada por Akins Kintê (Secretaria de Cultura e Economia Criativa e Poiesis, 2021) e ilustrou o livro infantil *Caminhos de Fortuna*, de Ivan Fortunato (Edições Hipóteses, 2017). Este é seu primeiro livro.

Contato: ricardo.gracindo@yahoo.com.br
Nas redes: @ricardo.gracindo.dias

coleção LIMÃO VERDE

Títulos desta coleção

Rabo de Pipa - *Maitê Rosa Alegretti*
Estampa Retrô - *Ricardo Gracindo Dias*

Fonte Minion Pro
Papel Pólen Bold 90g/m2
nº páginas 100
Impressão Psi7/Book7
Tiragem 200 exemplares